Liebe Kirschfreunde,

die leuchtend roten, prallen
Ein wunderbares Obst. Fris
Die Saison ist so kurz, man
Wir alle verbinden seit Kind
Kuchen mit Kirschen.

Es gibt auch wunderbare herzhafte Gerichte mit der Kirsche und durch Einfrieren und Einkochen kann man sie das ganze Jahr genießen.

In diesem Blöckchen beginnen wir mit getrockneten Kirschen. Die älteste Form der Konservierung verwandelt die Kirsche in eine köstliche Süßigkeit oder als Zutat für viele Gerichte; dann folgen verschiedene Ideen zu herzhaften Soßen, mit denen man viele Gerichte bereichern kann, danach herzhafte Mahlzeiten und süße Hauptspeisen mit Kirschen.

Dann zum Schluss noch das große Finale mit Süßspeisen und Kuchen.

Wir haben in alten Familienkochbüchern geschmökert, haben uns an unsere eigenen Lieblingsrezepte erinnert und unsere Verwandten, Freunde und Kollegen befragt.

Hier ist das Ergebnis: unser Kirschblöckchen.

Guten Appetit
Ihre
Daisy Gräfin von Arnim und
Verena Rannenberg

GETROCKNETE KIRSCHEN

Kirschen waschen und entkernen und halbieren.
Mit der Schnittseite auf den Obsttrockner setzen.
Es dauert ca. 15 Stunden.

Kirschen in einem geschlossenen Glas aufbewahren.
Schön für Müsli, und als Snack oder als Zutat für viele Gerichte.

NEUE BRATENSOSSE
MIT PUMPERNICKEL UND KIRSCHEN

Jeder hat seine Standards, gerade so teure und traditionelle Gerichte wie ein Braten bleiben gerne ein Leben lang so wie man sie einmal gelernt hat, erfolgreich zu kochen. In vielen Häusern gilt deshalb der berühmte Sonntagsbraten als ziemlich langweilig und nicht sehr inspirierend.

Wir haben eine sehr einfache Idee wie man den Braten richtig fruchtig aufpeppen kann - Voila!

ZUTATEN FÜR SOSSE EINES SCHMORBRATEN

- Eine Tasse Sauerkirschen aus dem Glas oder ein bis zwei Hände frischer Kirschen; Sauer oder Süß nach Geschmack
- 3-4 Scheiben Pumpernickel
- 1 EL Butter oder Speiseöl
- Salz, Pfeffer, Zimt
- Ca. 1 EL Speisestärke
- 1-2 kleine Gläser Schnaps (Weinbrand, Kirschwasser, Whisky, Rum)

ZUBEREITUNG

Nach Fertigstellung des Bratens Kirschen abtropfen lassen, den Saft auffangen oder frische Kirschen entsteinen und halbieren und kurz in einer Pfanne mit etwas Fett und Pfeffer und Salz (zusätzliche Gewürze sind erlaubt) anschwitzen, den entstehenden Saft auffangen.

Die Früchte mit dem zerbröselten Pumpernickel in die Soße geben. Mit Salz, Pfeffer und Zimt würzen.

Kirschsaft (wenn bei den frischen Kirschen nicht genug entstanden ist, gerne Kirschsaft aus der Flasche nach Belieben verwenden) mit Weinbrand (Kirschwasser, Whisky, oder auch Rum) und Speisestärke verrühren.

In die Soße geben, aufkochen lassen.

Eine Hälfte des Bratens in Scheiben schneiden und auf einer Platte anrichten. Die andere Hälfte für die Zubereitung einer kalten Mahlzeit beiseitestellen.

KIRSCH-ROTWEINSOSSE
FÜR FLEISCH, NUDELN UND/ODER KLÖSSE

ZUTATEN

- Entsteinte Kirschen ca. 2 Hände
- Ca. ½ - ¾ Flasche kräftigen Rotwein
- 3 - 6 Knoblauchzehen
- Ein Zweig Rosmarin
- Salz und Schwarzer Pfeffer
- 250 g Crème fraîche

ZUBEREITUNG

In einen schweren Topf erhitzen und auf mittlerer Hitze stark einkochen lassen, bis die Flüssigkeit auf höchstens die Hälfte reduziert ist, sie muss richtig dickflüssig sein. Aufpassen, dass nichts anbrennt.

Vom Herd nehmen und Crème fraîche unterheben. Rosmarinzweig entfernen und die Soße pürieren. Abschmecken. Wenn die Soße zu sauer ist, mit Ahornsirup, Honig oder auch Zucker abrunden. Ein bisschen Schärfe schadet auch nichts. Nach Geschmack kann man auch noch einen Löffel Senf dazu tun. Evtl. auch ein bisschen abgeriebene Zitrone oder Orangenschale. Schmeckt wunderbar zu Kartoffelklößen oder als Nudelsoße mit oder auch ohne gebratenes Fleisch.

CLOTTED CREAM:

Für Tartes, Kuchen, süße Brötchen, z. B. Scones, alles möglichst noch warm, bekommt man in England eine umwerfend leckere, dicke Sahne. Die habe ich immer pfundweise gut gekühlt von der Insel mit nach Hause gebracht um diesen Genuss noch möglichst lange nach meiner Rückkehr genießen zu können oder auch bei meinen Freunden und Verwandten damit zu glänzen.

Also, für viele unserer Kirschrezepte der ideale Begleiter. Nur: Es kann nicht jeder mal eben nach England fahren, um stilvoll und perfekt zu genießen.

Wir haben eine Alternative für Sie. Nicht ganz das Original, aber fast.

RF PROUDLY PRESENTS:
CLOTTED CREAM
1 l Sahne in eine weite Schüssel/Topf geben und im Wasserbad ca. 3 Stunden vor sich hinköcheln lassen.
Es bildet sich eine Schicht, die nach dem Abkühlen abgeschöpft wird. Zurück bleibt eine Creme, unsere Clotted Cream.

Köstlich zu Marmelade, Tartes, Pies, Kuchen, Scones, Eis, Kompott etc.

Bitte gekühlt servieren.

KIRSCH-CHUTNEY

Passt zu jungem, gratiniertem Ziegenkäse, Blauschimmelkäse oder jedem leckeren, reifen Käse, den Sie gerne mögen. Auch zu gebratenem Geflügel, Schweinefilet oder sogar gebratenem Fisch mit festem, weißem Fleisch.

ZUTATEN

- Wacholderbeeren, zerstoßen
- Piment, gemahlener
- Thymian ohne Stängel
- Ein kleines Stück geschälten, geriebenen Ingwer
- Ungefähr 1,5 kg entsteinte Kirschen
- Pflanzenöl in einem Topf erhitzen und die 3 fein gewürfelten Schalotten oder Zwiebeln darin glasig dünsten
- 80 ml Rotweinessig
- 100 g brauner Zucker (Rohrzucker)
- ¼ l Süßwein (z. B. Marsala, Madeira)

Man kann auch grünen Pfeffer, Balsamico, Gewürznelken, Senf und Curry und Rotwein als würzende Zutaten verwenden.

ZUBEREITUNG

Klein gewürfelte Zwiebeln oder Schalotten in Öl glasig dünsten, mit dem Rotweinessig ablöschen.

Dann die Kirschen, den Zucker, den Süßwein und die Gewürze dazugeben.

Bei mittlerer Hitze ungefähr 40 bis 45 Min. lang einkochen. Die Konsistenz sollte marmeladenähnlich sein.

Mit Salz und Pfeffer abschmecken,

Chutney noch heiß randvoll in ein sauberes, heiß ausgespültes Schraubdeckelglas füllen und auf den Deckel gestellt, abkühlen lassen.

Das Chutney kann man etwa ein Jahr lang aufbewahren, denn der Zucker und der Essig machen die Kirschen haltbar.

KIRSCH-WÜRZSOSSE

Prima zu Käse und Fleisch, zum Abschmecken von Suppen und Eintöpfen. Probieren Sie die Würz-Soße auch mal zu Süßem.

ZUTATEN FÜR CA. 1 LITER

- 1,5 kg entkernte Sauerkirschen
- 300 g Zwiebeln
- 70 g frischer Ingwer
- 3 EL Öl
- 150 g brauner Zucker
- 120 ml Rotweinessig
- 1 TL abgeriebene Orangenschale oder Zitronenschale
- ¼ l Orangensaft
- Zum Würzen ein bisschen Cayennepfeffer, Piment, gemahlener Zimt, schwarzer Pfeffer. Alles nach Belieben, es soll eine Würzsoße werden.
- Salz
- Zum Abschmecken: Weinessig und Zucker
- Alles ca.-Angaben, man kann nach Geschmack variieren, nur es muss genug Zucker dabei sein, sonst wird die Soße nicht stabil.

ZUBEREITUNG

Zwiebeln würfeln. Ingwer reiben oder klein schneiden und beides in Öl andünsten.

Kirschen, braunen Zucker, Rotweinessig, Orangenschale, Orangensaft, Cayennepfeffer, Piment und Zimt, 2 TL Salz und Einmachhilfe dazugeben.

Aufkochen und offen bei mittlerer Hitze 25 Min. köcheln lassen. Darf nicht anbrennen.

Mit dem Schneidstab fein pürieren und erneut kurz aufkochen lassen.

Mit Salz, Pfeffer, evtl. Zucker und Essig abschmecken. Soll eine dickflüssige Konsistenz haben.

Heiß in saubere, sterilisierte Schraubverschluss-Flaschen oder Gläser füllen. Fest verschließen, auf den Kopf stellen und abkühlen lassen.

Hält geschlossen an einem kühlen, dunklen Ort ca. 2 Monate. Nach dem Öffnen im Kühlschrank lagern.

KIRSCHSIRUP

Eine altmodische Idee, die erstaunlich vielseitig zu verwenden ist. Die Wiederentdeckung lohnt sich.

ZUTATEN

- 1 kg frische schöne, große Sauerkirschen
- 2 l Wasser
- 3 kg Zucker

ZUBEREITUNG

Kirschen entkernen.

Sirup aus 1,5 kg Zucker kochen und die Kirschen in den heißen Sirup beimischen.

Wenn alles kocht, vom Herd nehmen. Kirschen abkühlen lassen und in den Kühlschrank stellen.

Am nächsten Tag 250 g Zucker hinzufügen, kurz aufkochen lassen und die gleiche Prozedur insgesamt sechs Tage wiederholen.

Beim letzten Mal die Kirschen durch ein Sieb abseihen. (Überlegen Sie sich dann mal, was Sie mit den Kirschen machen können.)

Sirup heiß in Flaschen abfüllen.

Empfehlenswert zu Mineralwasser, Sekt, weißem Käse, zu Kuchen, evtl. auch mal zu Cola.

Kirschsirup immer kühl stellen.

KIRSCHLIKÖR

Das Likörchen für den gemütlichen
Nachmittag, nicht nur für alte Damen.

ZUTATEN

· 750 g Sauerkirschen, entsteint
· 250 g Kandis
· 2 Nelken
· Geriebene Orangenschale (nicht zu wenig)
· 700 ml Schnaps (Korn oder Wodka sind recht neutral. Wer
  mag, kann auch Whisky nehmen. Rum gibt ein sehr ein-
  deutiges Aroma.)

ZUBEREITUNG

Kirschen entsteinen. Einige Kirschkerne in einer Plastiktüte
zerschlagen.

Kirschen in einen Behälter füllen, zerschlagene Kirschkerne und
Orangenschale dazutun und oben auf den Kandis.

Mit Schnaps befüllen. Die Kirschen müssen von dem
Alkohol bedeckt sein. An einen kühlen, dunklen Ort
stellen und von Zeit zu Zeit durchschütteln.

Nach ca. 6 Wochen mal probieren und nicht bereuen,
dass man nicht mehr gemacht hat.

Flüssigkeit abseihen und in Flaschen füllen.

Die Kirschen kann man gut für Nachtisch
oder Marmelade weiterverwenden.

KIRSCHMARMELADE

Die darf natürlich nicht fehlen. Erstens so lecker für so viele Gelegenheiten zu verwenden, auch als fruchtige Zutat in vielen Gerichten und zweites eine prima Möglichkeit Kirschen haltbar zu machen und noch zu genießen, wenn längst keine mehr an irgendeinem Baum zu entdecken sind, drittens dann auch noch so einfach zu machen.

ZUTATEN

- 750 g entsteinte Kirschen
- 500 g Gelierzucker; auf den verschiedenen Gelierzuckern steht immer das Verhältnis Frucht-Gelierzucker drauf, ich mag am liebsten die Sorten, bei denen man proportional am wenigsten Zucker benötigt, dann ist die Marmelade nicht so furchtbar süß und fest, sie hält allerdings auch nicht ganz so lange. Da kann man dann aber ein bisschen absichern durch:
- Etwas Rum oder anderen starken Alkohol
- Kleine Stücke Frischhaltefolie in der Größe der Gläseröffnungen (Einweichen im Rum und dann auf die heiße Marmeladenoberfläche legen)
- Würze, wie man mag, ich nehme immer ein bisschen Pfeffer und Salz, das gibt der süßen Marmelade ein bisschen mehr Stand.
- Twist-off-Gläser

ZUBEREITUNG

Kirschen halbieren oder vierteln. Diese
mit der vorgeschriebenen Menge Zucker in einen
passenden Topf geben und möglichst ein paar Stunden
stehen lassen. Dann vorsichtig aufkochen und etwa
3-5 Min.kochen bis die Konsistenz angenehm ist.

Wer mag kann jetzt noch Kirschwasser, Rum oder Whisky
zugeben. Mit einer Schöpfkelle die heiße Marmelade in heiße,
saubere Twist-off Gläser füllen.

Wer die Marmelade lange aufheben möchte, sollte jetzt die in Alkohol eingeweichten Frischhaltefolien Stücke darauf legen, Deckel
draufschrauben. Auf den Deckel gestellt, auf einem sauberen Ge-
schirrtuch abkühlen lassen.

COUSCOUS
MIT KIRSCHEN

Couscous gibt es bei uns nicht oft, sollte man aber öfter probieren. Er ist so einfach zu machen und so wunderbar wandlungsfähig. Hier ist eine vegetarische Variante, die leicht mit gedünstetem Hähnchen oder Feta Würfeln gehaltvoller gestaltet werden kann.

ZUTATEN

- 300 g Couscous
- 350 ml Gemüsebrühe
- 1 EL Olivenöl
- 80 ml Weißwein oder Marsala
- Eine Handvoll entkerne Kirschen oder in Kirschsaft oder Wein eingeweichte, getrocknete Kirschen.
- 1-2 EL ohne Fett geröstete Pinienkerne (wenn keine Pinienkerne da sind oder einfach nur als Abwechslung, kann man auch geröstete, gehackte Walnüsse nehmen)
- Ein bisschen gehackte Petersilie
- Ein bisschen klein geschnittene Frühlingszwiebeln
- 100 g Parmesan
- 1 Zwiebel
- Rosmarin
- 1 Limette
- Salz und Pfeffer
- 2 TL Butter

ZUBEREITUNG

1. Die Zwiebel schälen, in kleine Würfel schneiden und in einem Topf und einem Stück Butter anschwitzen. 1-2 Zweige Rosmarin dazu.

2. Das Couscous dazugeben und kurz anschwitzen. Nach ca. 1 Min. mit dem Weißwein/Marsala ablöschen und verkochen lassen.

3. Das Couscous vom Herd nehmen und mit der heißen Brühe aufgießen.

4. Etwa 10 Min. quellen lassen, zwischendurch mit einer Gabel auflockern.

5. Rosmarin aus dem Couscous nehmen.

6. Frühlingszwiebeln dafür rein.

7. Die Kirschen in Stücke schneiden in einer Pfanne kurz mit Butter dünsten. Mit Pfeffer und Salz würzen und unter das Couscous rühren. Das Olivenöl sowie Salz und Pfeffer dazugeben.

8. Pinienkerne dazutun und gehackte Petersilie einstreuen.

9. Zuletzt den Parmesan über das Couscous reiben und den Limettensaft hinzugeben.

10. Man kann jetzt noch mit Harissa abschmecken (muss aber nicht)

Guten Appetit.

Dazu: Schmand mit Salz, Pfeffer und Cumin

GESCHMORTE HÜHNERBRUST
AUF KIRSCHEN

ZUTATEN

- 6 große Hähnchenbrustfilets
- Ca. 8 Körner Schwarzen Pfeffer, zerstoßen
- 300 g entsteinte Kirschen
- Ca. 150 ml Kirschsaft
- 12 Schalotten, in Ringe geschnitten oder kleine Zwiebeln
- 75 g Speck, gewürfelt
- 8 Wacholderbeeren
- 4 EL Marsala
- 250 ml kräftigen Rotwein
- 100 ml Marsala
- 25 g Butter
- 2 EL Öl (Walnussöl)
- Salz und Pfeffer
- Wer mag, Crème fraîche oder Süße Sahne für die Soße

ZUBEREITUNG

Die Hähnchenbrustfilets mit zerstoß-
enem Pfeffer, den Kirschen mitsamt Saft und
Schalotten in einen Bräter geben. Speck, Wacholderbeeren,
Port- und Rotwein zufügen und mit Salz und Pfeffer abschmecken. Das Fleisch etwa 48 Stunden im Kühlschrank
marinieren.

Butter und Öl in einer großen Pfanne erhitzen. Die Hähnchen-
brustfilets aus der Marinade nehmen und 4 Min. bei starker
Hitze rundum anbraten. Die Hähnchenbrustfilets mitsamt der
Marinade in einen Bräter geben. Öl, Butter und Bratensaft in der
Pfanne zurückbehalten.

Den Backofen auf 180°C vorheizen. Den Bräter abdecken und
20 Min. in den Backofen schieben. Die Hähnchenbrustfilets auf
vorgewärmte große Teller geben.

Den Bratensatz in der Pfanne mit 100 ml Marsala ablösen und
mit der Kirschsoße aus dem Bräter aufgießen. Nach Geschmack
so belassen oder mit Crème fraîche oder süßer Sahne abschmecken.

Die Hähnchenbrustfilets mit der
Kirschsoße übergießen und
servieren. Dazu Kartoffel-
püree oder Nudeln.

GNOCCHI
MIT KIRSCHEN UND PILZEN

Diese kleinen, leckeren italienischen Kartoffelklößchen sind so wunderbar anpassungsfähig und begeistern als Beilage oder Hauptgericht. Eine leckere Soße muss sein. Eine Beilage kann. Gnocchi selber machen ist immer eine kleine Herausforderung. Wenn man ein bisschen Zeit und Fingerspitzengefühl hat, macht es Spaß. Wenn nicht, kann man recht ordentliche Fertigprodukte kaufen. Bitte auf frische Ware achten.

ZUTATEN

Kirschsoße

- 170 g frische Rote Bete
- 4 Schalotten oder kleine Zwiebeln
- 2 Knoblauchzehen
- 5 g getrocknete Steinpilze
- 1 Stiel Thymian
- 6 El Olivenöl
- 1 El Zucker
- 750 ml kräftiger Rotwein
- 400 ml Gemüsefond
- 30 g getrocknete Kirschen
- 200 ml Kirschsaft

Pilze

- Ca. 500 g Pilze nach Wahl, z. B. Austernpilze

Gnocchi

- 700 g große, mehlig kochende Kartoffeln
- 1 Eigelb
- 50 g Mehl und etwas mehr zum Bearbeiten
- 50 g Hartweizengrieß
- Salz, schwarzer Pfeffer, Muskatnuss, Speisestärke
- 75 g Butter
- Frischer Salbei (etwa eine Hand voll)
- 2 EL Balsamico
- 2 TL Speisestärke
- 50 g Parmesan (im Stück)

ZUBEREITUNG

SOSSE

1. Rote Bete mit einem Sparschäler schälen und in Würfelchen schneiden. Schalotten/Zwiebeln und Knoblauch hacken.
2. Steinpilze in Rotwein einweichen und in Stücke schneiden.
3. Thymian vom Stiel zupfen. 2 EL Öl in einem Topf erhitzen und die vorbereiteten Zutaten darin bei mittlerer Hitze unter Rühren 10 Min. dünsten.
4. Zucker zugeben und leicht karamellisieren lassen.
5. Mit Rotwein und dem Kirschsaft ablöschen und offen auf die Hälfte einkochen lassen.
6. Den Fond zugießen und erneut um die Hälfte einkochen lassen
7. Die getrockneten Kirschen zugeben. Bis zur Verwendung mit einem Teller bedeckt beiseite stellen.

PILZE

Pilze mit Butter und Zwiebeln, Pfeffer und Salz braten, sodass sie mit den Gnocchi gleichzeitig fertig sind.

GNOCCHI

1. Salzkartoffeln kochen.
2. Kartoffeln heiß durch eine Kartoffelpresse drücken. Mit Eigelb, Mehl, Hartweizen-Grieß, Salz, Pfeffer und Muskat zu einem glatten Teig verarbeiten.
3. Teig dritteln und auf leicht bemehlter Arbeitsfläche zu 3 Rollen à 1 cm Dicke formen. In etwa 2 cm breite Stücke schneiden und etwas abrunden. Gnocchi auf ein mit Stärke bestreutes Tablett legen.
4. Gnocchi in reichlich kochendes Salzwasser geben und einmal aufkochen. Hitze sofort reduzieren und die Gnocchi ca. 5 Min. leicht siedend gar ziehen lassen. Butter in einer Pfanne aufschäumen und leicht bräunen. Salbeiblätter zugeben. Gnocchi mit einer Schaumkelle aus dem Wasser heben und gut abtropfen lassen. Gnocchi in der Salbeibutter schwenken.

ANRICHTEN:

Die Kirschsoße aufkochen, Aceto balsamico dazugeben und mit der in etwas Wasser gelösten Stärke sirupartig binden. Mit Salz und Pfeffer würzen. Zusätzlich mit frisch gemahlenem Pfeffer abschmecken.
Pilze auf die Teller geben. Gnocchi darauf verteilen und mit der Reduktion beträufeln. Mit gehobeltem Parmesan bestreut servieren.

QUICHE-BAUKASTEN
FÜR KIRSCHEN
(Quiche- oder Springform ca. 28 cm Durchmesser)

Quiche ist für mich eine feinere Art des Eintopfs.
Alles, was man hat und was zueinanderpasst, geht rein.
Mit kleinen Veränderungen hat man viele geschmackliche Möglichkeiten.

ERST MAL DER TEIG

Mürbeteig ist das Original. Ziemlich leicht selbst gemacht, braucht ein bisschen Zeit, da er ca. 30 Min. kalt ruhen muss.

ZUTATEN

- Ca. 120 g Butter
  (Prima Trick: Tiefgefroren lässt sich die Butter auf der Gemüsereibe raspeln und hat so die ideale Konsistenz zur Verarbeitung im Mürbeteig)
- 250 g Mehl
- Salz
- 1 Ei
- 4 EL Wasser
  (man kann diese Flüssigkeit auch je durch 2 EL Weinessig und Wasser ersetzen, das gibt dem Teig ein frischeres Aroma und eine schöne Blättrigkeit)

ZUBEREITUNG

Die Butter mit dem Mehl und Salz vermischen und mit den Händen zu einer Art Streuseln verarbeiten, dann das Ei und die Flüssigkeit dazugeben und zu einem glatten Teig kneten. Den Teig zu einer Kugel formen und in Frischhaltefolie gewickelt und ca. 30 Min. im Kühlschrank ruhen lassen.

Wer will, kann auch aus Zeitmangel oder Bequemlichkeit fertige Teige verwenden (von Strudelteig bis Blätterteig reicht das Angebot). Die unterschiedlichen Teige geben der Quiche oder Tarte natürlich einen unterschiedlichen Charakter. Hefeteig z.B. würde einen Pizza Charakter herstellen.

Wenn der Belag fertig ist, den Teig auf ein bisschen Mehl ausrollen und in die eingefettete Form legen. Wichtig: Einen Rand drum herum formen, damit die Füllung auch ein Gefäß hat.

FÜR DEN GUSS

(Der wird nach dem Belegen des Bodens als Verbindung und Deckel für das Gesamtkunstwerk Quiche verwendet)

· 3-4 Eier nach Größe

· 250 ml Sahne, auch gemischt mit Crème fraîche oder Schmand, das macht die Quiche herzhafter

· Salz, Pfeffer evtl. Muskatnuss, Chili, Paprika, ganz nach Geschmack

· 150 g geriebener Käse, wie Appenzeller oder Gouda evtl. gemischt mit Parmesan oder Pecorino

ZUBEREITUNG

Das Ganze miteinander vermischen und zur Seite stellen, um es über die fertig belegte Quiche zu gießen.

FÜR DIE FÜLLUNG
Ziegen-Käse-Kirschen-Quiche:

- Ca. 250 g entsteinte Kirschen, ich würde sie halbieren
- Pfeffer (gerne auch grünen, das passt sehr gut zu Kirschen)
- Ca. 3 Zwiebeln, in Butter oder Öl gedünstet
- Ca. 200-250 g Käse: da geht Ziegenkäse, Blauschimmelkäse, Feta (muss zerbröselt werden, denn er hält beim Erhitzen seine Form).
- Wer will, kann noch angebratenen Speck dazu mischen, das macht die Sache deftiger und das Raucharoma passt schön zu Frucht und Käse.
- Kräuter, wer will. (Estragon ist gut, oder/und Rosmarin)

Das Ganze in der mit Teig ausgelegten Form verteilen (nicht ausstreichen, der Guss muss noch dazwischen laufen können) und mit dem Guss übergießen, sodass der Belag gerade bedeckt ist.

Auf der mittleren Schiene im auf 200° C vorgeheizten Ofen etwa 45 Min. goldbraun backen.

Wie wäre es mit einer Sauerkraut-Käse-Kirschen-Füllung?

Dazu:

- 300 g Sauerkraut kleinschneiden
- Ca. 3 Zwiebeln, kleingeschnitten, anbraten
- Sauerkraut mit Kirschsaft, Kümmel, Wacholderbeeren (wer mag), ca. 15 Min. garen
- Angebratener Speck oder kleingeschnittene Kabanossi (ca. 100-150 g) passen da sehr rein, bei Bedarf unter die Füllung mischen
- Dazu Käse wie bei der Kirsch-Ziegenkäse Quiche nach Wunsch, ich habe hier etwas weniger Sauerkraut eingeplant, damit der Ziegenkäse oder Blauschimmelkäse auch noch dazu kann, das macht die Quiche spannender.

Das Ganze wie bei der Kirsch-Ziegenkäse Quiche mit halben Kirschen und evtl. grünem Pfeffer in die mit Teig ausgelegte Form verteilen.

Mit dem Guss übergießen bis die Füllung gut bedeckt ist.

Auf der mittleren Schiene im auf 200° C vorgeheizten Ofen etwa 45 Min. goldbraun backen

Oder eine Hackfleisch-Kirschen-Schafkäse-Zwiebel Quiche?

Füllung

- Ca. 200 g Kirschen entkernt und halbiert
- Ca. 300 g Hackfleisch
- 2-3 klein gehackte Zwiebeln und wer will 2-3 Knoblauchzehen
- Ca. 250 g Feta (zerbröselt) oder auch Blauschimmelkäse
- Rosmarin, Thymian, Oregano ist als mediterrane Kräutermischung ideal
- Salz und Pfeffer natürlich
- Evtl. auch Paprika oder Chili

Die gehackten Zwiebeln mit dem Knoblauch in etwa 2 EL Öl in einer Pfanne anbraten, dann das Hackfleisch und die Kräuter mit den Gewürzen dazu und braten, bis es krümelig und braun ist.

Kirschen dazu, das Ganze mit dem Feta oder anderen gewünschten Käse vermischen, abschmecken und auf dem Teig in der Form verteilen.

Mit dem Guss übergießen und auf mittlerer Schiene im vorgeheizten Ofen ca. 35 Min. goldbraun backen.

Zum Schluss nach dem Backen Schnittlauch drüber streuen. Das macht das Ganze noch frischer und spannender.

SCHWEINEFILET-RÖLLCHEN

MIT EINER FARCE AUS KIRSCHEN UND PUMPERNICKEL

ZUTATEN (FÜR 4 PERSONEN)

- 800 g Schweinefilet
- 2 Scheiben Pumpernickel
- 100 g entsteinte Kirschen
- Geschroteter Pfeffer
- Saft ½ Limette
- 1 Prise Zimt
- Salz
- Zucker

ZUBEREITUNG

1. Schweinefilet in acht Schmetterling Medaillons schneiden und in Folie plattieren.
2. Zerbröselter Pumpernickel, Pfeffer und Kirschen mit einem Pürierstab zerkleinern und mit Limettensaft, Zimt, Salz und Zucker würzen.
3. Die plattierten Schweinefiletscheiben mit der Farce bestreichen, zusammenwickeln, feststecken und von außen mit Salz und Pfeffer würzen. Gleichmäßig von allen Seiten anbraten.
4. In eine feuerfeste Form geben und bei 120° C 20-30 Min. im Ofen fertiggaren.
5. Dazu Kirschsoße (siehe weiter am Anfang), Salzkartoffeln und grüner Salat.

KIRSCH-QUARK-SOUFFLÉ

Ja, man kann es wagen Soufflé zu machen.
Es gelingt recht oft und ist so wunderbar
fluffig-saftig. Es lohnt sich das Wagnis einzu-
gehen. (Wenn das hier gelingt, empfehle ich
unbedingt mal ein Käse-Soufflé zu probieren)

ZUTATEN

- 250 g entkernte Kirschen
- 1 TL Butter
- 2 Eier
- 150 g Magerquark
- 1 EL Mehl

- 2 EL gemahlene Haselnüsse
- ½ TL abgeriebene Schale von einer unbehandelten Zitrone
- 2 Päck. Bourbon-Vanillezucker
- ½ EL Zucker

ZUBEREITUNG

1. Den Backofen auf 200° C vorheizen. Eine Form mit der Butter ausstreichen. Am besten noch mit Semmelbröseln ausstreuen. Den Boden der Form mit den Kirschen bedecken.

2. Die Eier trennen. Quark, Eigelb, Mehl, geriebene Haselnüsse und Zitronenschale mit dem Mixer verrühren.

3. Eiweiß steif schlagen. Den Vanillezucker und den Zucker nach und nach unterrühren. Ein Drittel des Eischnees mit der Quark-masse gut verrühren. Den restlichen Eischnee vorsichtig unterheben.

4. Die Masse auf den Kirschen verteilen. Das Soufflé im Ofen (Mitte, Umluft 180° C) 25 Min. backen. Während der ersten 20 Min. den Ofen nicht öffnen.
   Das Soufflé mit Puderzucker bestreuen und sofort servieren.

WILDSCHWEINGULASCH MIT KIRSCHEN

Ein gutes Gulasch ist ein Gedicht, mit der fruchtigen Kirschnote bekommt der kräftige Wildgeschmack einen angenehmen Begleiter. Serviert mit Knödeln oder Spätzle und bitte unbedingt mit Gemüse, klassisch Rotkohl oder Rosenkohl. Warum nicht mal mit Blattspinat oder auch Salat?

ZUTATEN

- 1-3 Zwiebeln
- 1-3 Knoblauchzehen
- Suppengemüse (Möhre, Knollensellerie, Petersilienwurzel)
- Thymian, Rosmarin
- 1,2 kg Wildschweinschulter
- Salz, schwarzer Pfeffer
- Ein bisschen Mehl
- 3 EL Pflanzenöl
- Ca. 300 ml Kirschsaft
- 2/3 Flasche kräftiger Rotwein
- 2 EL Tomatenmark
- 1,5 l Fleischbrühe oder Fond, (Gemüsebrühe geht auch)
- 2 Lorbeerblätter
- Korianderpulver (Zimt passt auch, sogar Ingwer schmeckt gut dazu)
- 2 Handvoll entsteinte Kirschen

ZUBEREITUNG

1. Fleisch in Würfel schneiden und mit Mehl bestäuben. Zwiebeln und Suppengemüse in Stücke schneiden.

2. Die Speckwürfel kross braten, evtl. etwas Fett dazugeben und im Fett das Fleisch goldbraun anbraten. Das Fleisch wird nicht braun, wenn es übereinander liegt, deshalb einen ausreichend großen Topf wählen oder in 2 Chargen anbraten.

3. Dann erst die Zwiebeln zugeben und auch noch bräunen lassen. Nun kommt das Suppengemüse mit dem Tomatenmark dazu, evtl. noch mal mit Mehl bestäuben.

4. Rühren. (Etwa 4 Min.)

5. Mit Rotwein und Kirschsaft ablösen (wenn Kinder mitessen, nur Kirschsaft nehmen, entsprechend mehr und evtl. etwas Rotweinessig und Wasser dazu). Erst mal nur einen kräftigen Schuss und einkochen lassen, dann noch einen weiteren Schuss und wieder einkochen lassen.

6. Dann den restlichen Wein und Saft und den Fond/Brühe dazu und etwa 2 Stunden bei niedriger Hitze schmoren lassen (Das geht auch mit einem Bratentopf im Ofen).

7. Jetzt die Gewürze und Kräuter dazugeben, und dann das Gulasch etwa 50 Min. (je älter das Schwein war, je länger braucht es) bei niedriger Hitze schmoren lassen. Hin und wieder mit der Gabel testen wie weich das Fleisch ist.

8. Etwa ½ Stunde vor dem Garende die Kirschen zugeben. Vor dem Servieren mit Salz und Pfeffer abschmecken.

"KIRSCHENMICHEL"

Das ist eines der wunderbar altmodischen Rezepte, das es früher manchmal als süßes Hauptgericht gab. Nachkochen und Kindheitsgefühle aufleben lassen!

ZUTATEN FÜR 4 PERSONEN

- 6 Milchbrötchen
- 2 Tassen Milch
- 3-4 EL Butter
- 1 Ei
- 4 EL Zucker
- 1 Msp. Zimt
- 1 TL geriebene Zitronen-Schale
- 1 EL geriebene Mandeln
- 750 g Kirschen
- ½ Backpulver

ZUBEREITUNG

Die Brötchen abreiben, zerteilen und in der Milch einweichen. Die Butter schaumig rühren, das Eigelb und den Zucker zurühren. Mit den Brötchen, Gewürzen, Mandeln, dem Backpulver und den entkernten Kirschen vermengen und den Eischnee unterziehen. In eine gebutterte, mit Weckbröseln bestreute Auflaufform füllen und im Ofen 1 Stunde backen.

KIRSCHPUDDING

Ja, so war Pudding vor Dr. Oetker.
Keine gekochte Creme sondern im Wasserbad
gegarte, gewürzte und verfeinerte Brotmasse. Dann
allerdings darf doch noch Vanillesauce zur Abrundung dazu.
Resteverwertung kann so lecker sein.

ZUTATEN FÜR 4 PERSONEN

- 200 g Zwieback oder Weckmehl (geriebene trockene
  Semmel oder Brötchen)
- 2 Tassen Milch
- 4 EL Zucker
- 1-2 Eier
- 3 EL gehackte Mandeln
- 1 Msp. Zimt
- ½ Päck. Backpulver
- 500 g entkernte Kirschen

ZUBEREITUNG

Den Zwieback oder das Weckmehl mit der Milch übergießen.

Den Zucker und das Eigelb schaumig rühren, mit den
gehackten Mandeln und dem Zimt zu der Zwieback-
masse geben. Eiweiß steif schlagen.

Das mit etwas Mehl vermengte Backpulver und die
entkernten Kirschen zugeben.

Den Eischnee lose unterziehen. In einer vorbereiteten Form ½ Stunden im
Wasserbad kochen.

Kompott, der klassische Begleiter zu Süßspeisen

KIRSCH-APFEL-PFIRSICH-KOMPOTT

ZUTATEN

- 250 g entkernte Kirschen (muss)
- 4 Pfirsiche (können)
- 2 Äpfel (können)
- ½ l Wasser
- 200 g Zucker
- Evtl. ein bisschen Pfeffer
- Einige Kirschen als Dekoration zurückstellen.

ZUBEREITUNG

Zucker mit Wasser aufkochen. Geschälte, klein geschnittene Äpfel in diesem Sirup gar kochen. Mit Kelle herausnehmen und in Kompottschälchen anrichten.

Kirschen auch in Sirup aufkochen (zum Einmachen müssen sie gar sein). Herausnehmen und auf dem Apfelkompott anrichten. Ebenso mit den klein geschnittenen Pfirsichen verfahren.

Den übrig gebliebenen Sirup auf das Kompott verteilen. Kirschen darauf dekorieren. Dazu Vanilleeis/Schlagsahne/Clotted Cream.

REINES KIRSCH-KOMPOTT

Das Ganze geht natürlich auch als reines
Kirsch Kompott. Dazu kann man als Würzmittel
noch abgeriebene Zitronen oder Orangenschale beigeben,
und wenn man es noch exotischer mag, ist Ingwer,
Korianderpulver, Kardamom, Zimt eine leckere Beigabe.

Wenn es eine erwachsene Variante werden soll, dann kann man
das Kompott prima mit ½ Rotwein und ½ Wasser kochen und/
oder mit Kirschwasser abschmecken.

Das Ganze heiß in saubere Schraubdeckelgläser füllen (der Sirup
muss die Früchte bedecken) und auf den Deckel gestellt abkühlen. So erhalten Sie Kirschkompott für den Winter.

Dazu schmeckt klassisch: Grießschnitten, Grießbrei, Arme Ritter

KIRSCHSUPPE

Das ist wieder eins von diesen schnell zubereiteten, süßen Hauptgerichten, die preiswert sind, satt machen und richtig lecker sind. Also das ideale Familienmittagessen.

ZUTATEN

- 2 Gläser Sauerkirschen
- 2 EL Zucker
- 1 Prise Zimt
- Etwas Speisestärke
- Klößchen
- 250 g Mehl

- 3 Eier
- 1 EL Zucker
- 1 Päck. Vanillezucker
- Prise Salz
- 125 g Milch

ZUBEREITUNG

Sauerkirschen mit Zucker und Zimt nach Geschmack erhitzen, evtl. mit leicht drübergestreuter Speisestärke etwas andicken. Wer mag, kann auch Sago nehmen.

Mehl, Eier, Zucker, Vanillinzucker, Salz und Milch verkneten. Esslöffelgroße Teigklumpen abstechen und in die kochende Suppe geben.

FRUCHTLEDER

Fruchtleder ist eine wunderbare Alternative zu Gummibärchen. Die Grundlage ist meistens Apfelmus, der mit verschiedenen Möglichkeiten variiert werden kann.

Zu 100 g feinem Apfelmus kann man 10-20 g Kirschmus rechnen (Kirschen entsteinen und in einen kleinen Topf aufkochen, pürieren und reduzieren) eventuell noch mit etwas Honig süßen.

Dieses Mus streicht man nicht zu dünn auf ein mit Backpapier ausgelegtes Backblech und lässt dies bei einer mit einem Kochlöffel geöffneten Backofentür ca. 4-5 Stunden bei 50° C trocknen.

Das Leder ist trocken, wenn man ohne klebrige Finger zu bekommen, drüber streichen kann.

Das Fruchtleder von dem Backpapier abziehen und in längliche Streifen schneiden, aufrollen und in ein geschlossenes Gefäß tun.

Für Fruchtleder gibt es viele Möglichkeiten. Sehr gut ist es auch, dem Mus eine pürierte Banane zuzufügen.

KIRSCH-ERDNUSS-BUTTER-KONFEKT

Einfach und raffiniert, diese Kombination aus Frucht, Erdnuss und Schokolade.

ZUTATEN

- ½ Tasse weiche Butter
- 1 Tasse Erdnussbutter
- 1 Päck. Vanillezucker
- 2 Tassen Zucker
- 30 Sauerkirschen entsteint, möglichst am Stiel
- 2 Tassen geraspelte Schokolade

ZUBEREITUNG

Erdnuss-, Butter sowie Vanille- und Zucker in einem kleinen Topf leicht erhitzen und verrühren und kühl stellen.

Kirschen entsteinen und möglichst den Stiel dranlassen. Man kann aber auch einen Zahnstocher nehmen statt des Stiels.

In einer kleinen Schale mit Zucker, die Kirschen einzeln mit dem Erdnussbutter-Teig ummanteln und zu einer Kugel formen. Der Stiel sollte oben herausragen, das erleichtert auch die weitere Verarbeitung sehr.

Schokolade in der Mikrowelle oder im Wasserbad erhitzen und die Kirschen darin eintauchen.
Alternativ gehen auch Kokosflocken oder gehackte Walnüsse.

Auf einem Teller abkühlen lassen.

KIRSCHSTREUSEL

Das ist ein toller Nachtisch für eine Essens-
einladung. Der Kirsch-Crumble ist hervorragend
vorzubereiten und kann während des Haupt-
gangs im Ofen backen und begeistert dann
frisch und dampfend als Dessert.

ZUTATEN FÜR 4 PERSONEN

· Ca. 700 g entsteinte Kirschen

· Ca. 2 EL Zucker

· Etwas Rotwein oder Wasser

· Eine kleine Handvoll Rosinen oder gehackte, getrocknete Aprikosen

Streusel

· 100 g Mehl

· 70 g Butter

· 60 g Zucker

· Zimt

· Evtl. 1- 2 EL gehackte Mandeln

ZUBEREITUNG

Die Kirschen nicht zu gar kochen. Zucker und Rosinen/
Aprikosen untermischen und in eine flache Auflaufform füllen.

Die Streusel-Zutaten krümeln und auf die Kirschen streuen.
Evtl. die gehackten Mandeln darüber streuen.

Dann ca. 30 Min. bei 180° C backen.

Mit Crème fraîche servieren.

KIRSCH-TRIFLE

Sehr englisch, sehr einfach, sehr lecker.
You will love it.

ZUTATEN:

Creme
- 40 g Speisestärke
- 3 Eigelb
- 80 g Zucker
- ½ Liter Milch
- ½ Vanilleschote
- ¼ l Sahne

Man kann aber auch fertige Vanillecreme nehmen, oder einen nicht zu fest geratenen Vanillepudding, je nach Anspruch und Zeitplan.

Außerdem
- 250 g Löffelbiskuits,
- 500 g Kirschen entkernte Kirschen
- 3 EL Grenadine
- 4 cl Grand Marnier oder Kirschwasser
- 200 ml Sherry, medium
- ¼ l Sahne

ZUBEREITUNG

Creme

Speisestärke, Eigelb, 40 g Zucker und
¼ l kalte Milch gründlich verrühren.

Restliche Milch und Zucker mit der längs
aufgeschnittenen Vanilleschote aufkochen.

Von der Kochstelle nehmen, die Vanilleschote herausnehmen und
das Mark hineinschaben. Milch erneut zum Kochen bringen und
die Speisestärkemischung mit einem Schneebesen unterrühren.

Die Creme unter kräftigem Rühren aufkochen lassen. Es muss
eine glatte Masse entstehen. Mit Puderzucker bestäuben, abkühlen lassen und durch ein feines Sieb streichen. Die Sahne
schlagen und untermischen.

Den Boden einer großen rechteckigen Form mit der Hälfte der
Löffelbiskuits auslegen.

Kirschen mit der Speisestärke und dem Zucker kurz aufkochen,
Kirschwasser oder Grand Marnier dazugeben,

Den Löffelbiskuit mit 100 ml Sherry beträufeln. Dann die Hälfte
Kirschen und die Creme darüber verteilen.

Mit den restlichen Löffelbiskuits bedecken
und die übrigen Zutaten in der gleichen
Reihenfolge darüber verteilen.

Das Trifle einige Stunden im
Kühlschrank durchziehen lassen.
Vor dem Servieren mit steif ge-
schlagener Sahne bestreichen. Wer will,
kann mit ein paar Kirschen garnieren.

KIRSCH-GRÜTZE

Rote Grütze ist das norddeutsche Dessert par excellence. Es ist fast so etwas wie ein Nationalheiligtum und hat seinen Weg mittlerweile bis in den Süden gefunden. Hier eine reine Kirsch-Variante.

ZUTATEN

- 1 großes Glas Sauerkirschen

Bei Verwendung von frischen Kirschen

- 500 g Sauerkirschen, entkernt
- ¼ l Wasser mit 2 EL Zucker extra

Für beide Zubereitungsarten

- 30 g Speisestärke
- 6-8 EL Rotwein oder Wasser
- 1-2 TL Zitronensaft
- 50-75 g Zucker

ZUBEREITUNG:

Sauerkirschen aus dem Glas durch ein Sieb gießen, dabei den Saft auffangen. Den Kirschsaft bis zu einem halben Liter mit Wasser auffüllen.

Frische Kirschen, waschen, entkernen, in einem viertel Liter Wasser, zusammen mit 2 EL Zucker, etwa 3 Min. sanft kochen lassen, abseihen. Den Saft auffangen und zur Seite stellen.

Den aufgefangenen Kirschsaft eben-
falls bis auf einen halben Liter mit
Wasser auffüllen.

Einen halben Liter Kirschsaft in einen Topf umfüllen.
Zitronensaft und Zucker hinzu geben und einmal aufkochen lassen. (Man kann auch Sternanis oder Zimt
zugeben, wenn man mag.)

In der Zwischenzeit Speisestärke mit Rotwein oder Wasser glatt
rühren, in den aufgekochten Kirschsaft verquirlen und unter
weiterem Rühren nochmals aufkochen lassen.

Den Topf vom Herd nehmen, die Kirschen dazu und alles in
eine Schüssel umfüllen. (Jetzt kann man noch ein bisschen
Kirschwasser oder Kirschlikör zugeben, wenn man mag.)

Abkühlen lassen und dann mehrere Stunden abgedeckt im
Kühlschrank kalt werden lassen.

Kirsch Grütze schmeckt sehr gut mit Vanillesoße und/oder
Sahne. Mit Vanilleeis gibt es eine fruchtige Note.

Der Wein gibt der Grütze eine feine Geschmacksnote.
Wenn Kinder mitessen, kann er aber problemlos
weggelassen werden.

MUFFINS
MIT KIRSCHPRALINE

Muffins, die Modeküchlein der letzten Jahre. Aus Amerika eingewandert haben sie uns das Kuchenbacken leicht gemacht und unsere Küchlein Gestaltungs-Kreativität stark angestachelt. Jetzt kommt ein durch eine fertige Kirschpraline inspiriertes Rezept. Das ist fast ein Cup Cake.

ZUTATEN

Teig

- 100 g Butter
- 2 Eier
- 100 g Mehl
- 120 g Zucker
- 1 EL Kakao
- 1/3 Päck. Backpulver

Topping

- 20 g Butter
- 6 Kirschen
- 105 g Zartbitterschokolade
- 80 g Schmand

Dekoration

- 6 Mon Chéries

ZUBEREITUNG

Einen Teig aus Eiern, Mehl, Zucker, Kakao und Backpulver rühren. In Muffinförmchen füllen und bei 180° C 20 Min. backen.

Für das Topping die Schokolade raspeln und mit Schmand zu einer geschmeidigen Masse aufkochen und rühren. Butter zuführen. Etwas abkühlen lassen.

Masse auf die Muffins streichen und mit Mon Chérie dekorieren und Kühl stellen. 30 Min. vor dem Servieren aus dem Kühlschrank nehmen.

SCHNELLER KIRSCHKUCHEN

IN TARTEFORM

Kuchen essen ist ein Ausdruck von Gemütlichkeit. Kuchenbacken braucht aber leider oft die Zeit, die man noch übrig hat, und so bleibt nichts mehr für die Gemütlichkeit.

Hier ist die Lösung. Ein superschnell zubereiteter Kirschkuchen, der genug Zeit für den Genuss lässt.

ZUTATEN

- 700 g entsteinte Kirschen
- 2 Eigelb (Eiweiß kann man einfrieren und später zu leckeren Dingen wie Baiser verarbeiten)
- 100 g Mehl

- 100 g brauner Zucker
- 250 ml Milch
- 60 g Butter
- 1 Prise Salz
- Vanillezucker

ZUBEREITUNG

Ofen auf 200° C erhitzen. Tarteform mit Butter einfetten.

Eier schaumig rühren und Salz und Zucker zufügen, dann Vanille, Mehl, Butter und Kirschen unterheben.

Im vorgeheizten Ofen hellbraun backen und mit Vanillezucker bestreuen. Lauwarm servieren.

Dazu Sahne, wenn man die Zeit zum Schlagen noch hat, sonst geht auch die fertig im Kühlschrank stehende Clotted Cream.

Tee oder Kaffee dazu und jetzt wird's gemütlich.

HALTBARE KIRSCHTARTE

Wer hat schon immer Zeit frischen Kuchen zu backen und selbst aus der Tiefkühlung bekommt man nicht sofort einen leckeren frisch wirkenden Kuchen, wenn unerwartet liebe Gäste ins Haus kommen. Dies ist also das ideale Rezept für alle gastfreundlichen Menschen, die auch unerwarteten Besuch mit einem leckeren Kuchen verwöhnen wollen. Und wenn dann doch mal keiner kommt, selber essen ist auch sehr lecker.

ZUTATEN

Teig

- 300 g Mehl
- 200 g Zucker
- 1 Ei
- 1 Eigelb
- 120 g Butter
- Salz
- ¾ Päck. Backpulver
- 1 EL Kräuterlikör 40%
- 1 Fläschchen Bittermandel

Füllung

- 1 Glas (schwarze) Kirschmarmelade

Glasur

- 1 Eigelb

ZUBEREITUNG

Für den Teig die Zutaten vermischen zu einer Kugel formen mit Frischhaltefolie umwickeln und mindestens 30 Min. kühl stellen.

Danach den Teig in 2 Hälften teilen. Beide Hälften auf einer leicht bemehlten Fläche so dünn ausrollen, dass jede eine Rundform gut ausfüllt.

Eine Rundform einfetten und mit Mehl oder Semmelbröseln ausstreuen. Einen Teigboden reinlegen.

Die Marmelade aufkochen und wenn viele Fruchtstücke drin sind, etwas pürieren. Warme Marmelade auf den ersten Teigboden in der Form aufgießen. Den zweiten Teigboden darüber legen.

Wer möchte, kann aus den Teigresten die entstehen wenn man die Böden passend macht, Verzierungen, z.B. Kirschen formen und den Kuchen damit dekorieren.

Mit Eigelb bestreichen und im auf etwa 180° C vorgeheizten Ofen ca. 30 Min. backen. (Der Kuchen soll goldgelb sein und vom Teig darf nichts hängen bleiben, wenn man mit einer Stricknadel reinsticht)

Dazu Sahne oder unsere leckere Clotted Cream.

Hält in Alufolie gewickelt oder in einer Keksdose locker eine Woche.

CHERRY PIE

Als Kind machte ich mit meiner Familie häufig in Cornwall Urlaub. Als besonderes Glück habe ich bis heute in Erinnerung, wenn ich mir an der Strandbar einen Cherrie oder Appel Pie kaufen durfte, den ich dann glückselig warm mit dicker Sahne verdrückt habe. Das war unbeschreiblich köstlich. Hier gibt es so etwas selten zu kaufen, aber selbst ist die Frau oder der Mann.

Also hier ist das Rezept für die Cornische Glückseligkeit.

ZUTATEN

Füllung

- 600 g Kirschen
- etwas Zitronensaft (nicht zu wenig)
- 75 g Rohrzucker
- 1 EL Mehl
- Wer will kann auch etwas Vanillepudding mit rein tun.
- Vanillezucker ist auch lecker drin.
- Schnaps wie Rum, Kirschwasser oder Whisky gehen auch.
- Etwas Pfeffer gibt der Sache immer mehr Pep.

Teig

- 150 g weiche Butter
- 150 g Rohrzucker
- 2 Eier
- 400 g Mehl
- 50 g Mandeln, gemahlen

Außerdem

- Etwas Milch zum Bestreichen
- Evtl. Zucker zum Bestreuen
- Mehl für die Arbeitsfläche

ZUBEREITUNG

1. Für den Teig die Butter und den Zucker zu einer cremigen Masse verrühren. Die Eier hinzufügen und anschließend das Mehl und die Mandeln nach und nach unterrühren. Den Teig zu einer Kugel formen, in Frischhaltefolie einwickeln und für mindestens 2 Stunden kühlen. Sollte man ihn nicht gleich verwenden, hält er sich im Kühlschrank auch ein paar Tage. Wer keinen neuen Teig lernen möchte, kann den Mürbeteig unserer Quiches in einer süßen Variante verwenden.

2. Den Backofen auf 180°C Umluft vorheizen. Den Teig Raumtemperatur annehmen lassen und geschmeidig verkneten.

3. Auf einer leicht bemehlten Arbeitsfläche etwa 2/3 der Teigmasse, etwa 2-3mm dick ausrollen und damit eine gefettete und mit Mehl oder Semmelbröseln ausgestreute 23er Pie-Form (oder entsprechende Springform) auslegen. Den Teig schön andrücken, den überstehenden Rand abschneiden und zum restlichen Teig legen.

4. Für die Füllung die entkernten und halbierten Kirschen mit dem Zitronensaft, dem Zucker und den für die Füllung vorgesehenen Gewürzen und Mehl (Speisestärke ist auch prima) zu den Früchten geben und alles gut umrühren. Anschließend die Masse gleichmäßig auf dem Teig verteilen.

5. Vanillezucker schmeckt auch gut hier drin, man kann auch ein bisschen Vanille Pudding mit unterrühren. Wer Schnaps darin mag, jetzt reintun.

6. Nun den restlichen Teig auf die Größe der Form ausrollen. Die Ränder mit etwas Milch bepinseln und die Teigdecke über das Ganze legen. Am Rand die beiden Teigschichten zusammendrücken, mithilfe der Fingerspitzen den typischen Pie-Rand formen und die überstehende Reste entfernen.

7. Danach die Teigdecke zur Mitte hin mehrmals einschneiden, damit der heiße Dampf beim Backen entweichen kann. Zuletzt noch die Oberfläche mit Milch bepinseln und mit etwas Zucker bestreuen. Den Pie ca. 35 Minuten backen, bis der Teig leicht goldbraun ist und die Kirschen weich sind.